DISCOURS

SUR

L'AUMONE

PRONONCÉ

à l'Hôpital-Hospice de Sainte-Foy-lès-Lyon

A L'OCCASION

DE LA FÊTE DE SAINT VINCENT DE PAUL (1898)

Par M. l'Abbé MÉRET

AUMONIER DE L'ÉTABLISSEMENT

LYON

IMPRIMERIE EMMANUEL VITTE

18, rue de la Quarantaine, 18.

1899

DISCOURS SUR L'AUMONE

LYON. — IMPRIMERIE EMMANUEL VITTE, RUE DE LA QUARANTAINE, 18

DISCOURS

SUR

L'AUMONE

PRONONCÉ

à l'Hôpital-Hospice de Sainte-Foy-lès-Lyon

A L'OCCASION

DE LA FÊTE DE SAINT VINCENT DE PAUL (1898)

Par M. l'Abbé MÉRET

AUMONIER DE L'ÉTABLISSEMENT

LYON

IMPRIMERIE EMMANUEL VITTE

18, rue de la Quarantaine, 18.

—

1899

COMMISSION ADMINISTRATIVE

DE

L'HOPITAL-HOSPICE

de Sainte-Foy-lès-Lyon.

1898

M. le baron Léon DU MARAIS, officier d'Académie, maire de Sainte-Foy, président.

M. Etienne CHARBIN, industriel, vice-président;

M. Benoît BONNARD, conseiller municipal, officier d'Académie, fondé de pouvoirs du receveur des hospices de Lyon;

M. Charles LACROIX, rentier;

M. Léon FAVRE, docteur en droit;

M. Emile COHENDY, professeur à la faculté de Droit de Lyon, membre du Conseil Supérieur de l'Enseignement technique, officier de l'Instruction publique, chevalier de la Légion d'honneur;

M. François BAILLY, conseiller municipal, rentier;

M. Eugène PITOIS, colonel en retraite, officier de la Légion d'honneur, économe.

DISCOURS

SUR

L'AUMONE

PRONONCÉ

à l'Hôpital-Hospice de Sainte-Foy-lès-Lyon.

MESSIEURS,

Il y a un an aujourd'hui, l'hôpital-hospice de Sainte-Foy-lès-Lyon célébrait, pour la première fois, le fête de saint Vincent de Paul, son patron. Le clergé de la paroisse, MM. les administrateurs, les dames patronnesses et une foule d'autres habitants de la localité avaient bien voulu nous faire l'honneur d'assister à cette cérémonie. Et, devant cette nombreuse et sympathique assemblée, je prononçais le panégyrique de saint Vincent de Paul, l'apôtre et le héros de la charité chrétienne. Je parcourais à grands traits les principales phases de cette vie admirable, et je le présentais comme un modèle accompli de toutes les vertus. Toutefois, s'il a excellé dans toutes les vertus, il en est une qui a été sa vertu de prédilection, et l'a rendu justement populaire : c'est la *charité*. Parler de la charité, c'est donc encore parler de saint Vincent de Paul, qui en a été et en restera, aux yeux de tous, la plus haute personnification. Aussi, ai-je pensé que ce serait répondre à vos désirs que de traiter aujourd'hui de cette vertu. Cependant, je dois le dire, ce n'est pas sans une certaine appréhension que j'aborde ce sujet. Car, est-ce bien devant des dames si dévouées et si généreuses, devant l'élite, non seulement de Sainte-Foy, mais de Lyon, la ville charitable par excellence, qu'il convient de prêcher la charité? Qui ne connaît, en effet, tout le bien accompli par elles ; qui ne sait que nous leur devons cette belle et gracieuse chapelle, et que tous les frais du culte religieux sont à leur charge? Qui ne connaît toute l'affection, tous les soins, j'allais dire toutes les gâteries, qu'elles prodiguent à nos bons vieillards de l'hospice? Mais ce sont des remerciements et des félicitations que je dois vous adresser, Mesdames, et non une exhortation à la charité. Et si j'ose aujourd'hui parler devant vous de cette vertu, c'est pour vous encourager à persévérer dans sa pratique, en vous en montrant l'excellence et la grandeur, et en vous rappelant, avec tous les trésors que vous pouvez amasser pour le ciel, tous les avantages que vous devez y trouver même pour votre bonheur ici-bas. Au surplus, une autre considération m'incline aujourd'hui à parler de charité, c'est le nombre toujours croissant des pauvres et des vieillards sans ressources. Et, de même que le laboureur, qui voit le nombre de ses enfants augmenter, désire agrandi son domaine en vue d'une plus abondante moisson, de même, en voyant chaque jour le nombre de ceux qui voudraient entrer à l'hospice et qui ne le peuvent, faute de ressources, je viens, moi aussi, au nom de la religion et de l'humanité souffrante, jeter la parole de Dieu sur un plus large terrain, dans l'espoir de récolter un jour davantage pour ces malheureux. C'est là toute mon ambition, et je serais heureux si je pouvais toucher quelques cœurs et les associer au bien que vous accomplissez.

Tels sont les motifs qui m'engagent à parler aujourd'hui de la manifestation la plus belle de la charité chrétienne, c'est-à-dire de l'*aumône*.

I

S'il en est qui connaissent le précepte de l'aumône et marchent avec générosité dans la voie de la bienfaisance, comme je me plais à le reconnaître, il en est d'autres aussi qui ne croient pas l'aumône obligatoire ; ils la considèrent comme une œuvre de conseil ou de perfection, et croient qu'ils sont libres d'être charitables ou non envers les malheureux. C'est là une grave erreur. Si nous sommes libres en effet, devant la loi humaine, d'être charitables ou égoïstes, nous ne le sommes pas devant la loi divine, car le commandement que Dieu nous fait de venir en aide à nos semblables, de les soulager dans leurs souffrances, est clair et formel, à ce point que, de tous les devoirs que la religion nous prescrit, nul ne nous est plus fréquemment rappelé et imposé que celui de l'aumône.

Ouvrons d'abord l'*Ancien Testament*. « Je vous ordonne, dit le Seigneur, dans le Deutéronome, d'avoir toujours la main ouverte pour les besoins de votre frère pauvre et sans secours. » (1) « L'aumône, lisons-nous encore dans l'Ecclésiastique, n'est pas un don que vous faites, mais une dette que vous acquittez; la refuser, c'est frauder le pauvre.» (2) Accueil-

(1) Deut., 15.
(2) Eccli., IV, 8.

lez-le donc avec bonté, prenez-le sous votre protection et remplissez à son égard le devoir de la miséricorde corporelle. Tel est l'ordre formel de la Providence. *Propter mandatum assume pauperem.* (1)

Le *Nouveau Testament* n'est pas moins clair : « Commandez aux riches de ce monde, dit saint Paul, de donner volontiers et de faire part à l'indigent des biens qui leur sont échus. » (2) « Si quelqu'un, dit saint Jean, possède les biens de ce monde, et que, voyant son frère dans le besoin, il lui ferme son cœur et ses entrailles, comment l'amour de Dieu serait-il en lui ? » (3) Celui qui n'aime pas son frère, n'a pas le droit de dire qu'il aime Dieu.

Mais voici qui est encore plus précis, et surtout plus effrayant. C'est Notre-Seigneur Jésus-Christ lui-même qui parle : Au dernier

(1) Eccl., XXIX, 12.
(2) Tim., 6, 8.
(3) I. Joan, 3, 17.

jour, lisons-nous dans l'évangile de saint Mathieu, le Seigneur dira à ceux qui seront à sa droite : « Venez, les bénis de mon Père, possédez le royaume qui vous a été préparé depuis le commencement du monde, car j'ai eu faim et vous m'avez donné à manger, j'ai eu soif et vous m'avez donné à boire ; j'étais nu et vous m'avez revêtu ; sans logement, et vous m'avez recueilli ; malade, et vous m'avez visité. » Et les justes lui diront : Mais, Seigneur, quand est-ce donc que nous vous avons vu dans cette détresse ? « Toutes les fois, leur répondra le Maître, que vous avez rendu ces devoirs au dernier de mes frères, c'est à moi-même que vous les avez rendus.»

Le Seigneur dira ensuite à ceux qui seront à sa gauche : « Retirez-vous de moi, maudits, allez au feu éternel qui a été préparé au démon et à ses anges, car j'ai eu faim et vous ne m'avez pas donné à manger ; j'ai eu soif et vous ne m'avez pas donné à boire ; j'étais nu et vous ne m'avez pas couvert ; malade et vous ne m'avez pas visité. » Et les méchants lui diront : Mais quand est-ce donc, Seigneur, que nous vous avons vu dans cette détresse ? « Toutes les fois, leur répondra le Maître, que vous avez refusé de rendre ces devoirs au dernier de mes frères, c'est à moi-même que vous l'avez refusé. » (1)

En entendant ces paroles, ne dirait-on pas, comme le fait remarquer un saint, qu'il n'y aura plus au dernier jour que les miséricordieux et les cœurs durs ? Ne semble-t-il pas que toutes les vertus seront représentées par la charité, et tous les vices par la dureté ; que la charité suffira pour nous ouvrir le ciel, tandis que la dureté pour les pauvres nous conduira en enfer ? Saint Jean Chrysostome l'affirme : « Sans l'aumône, dit-il, il est absolument impossible d'entrer dans le royaume des cieux, alors même que vous feriez mille autres bonnes œuvres. » (2) En effet, vous auriez beau vouloir plaire à Dieu, vous im-

(1) Math., 25, 34, 45.
(2) Hom., 23.

poser les plus dures privations et les plus austères pénitences, fréquenter les sacrements, si vous n'êtes pas charitables, vous manquez de la vertu essentielle, de la vertu sans laquelle il est absolument impossible d'être agréable à Dieu, car « la foi sans les œuvres est une foi morte. » (1)

Saint Augustin est encore plus rigoureux : « Prenez ce qu'il vous faut dans vos richesses ; le reste forme le superflu, et le superflu du riche est le nécessaire du pauvre... On possède le bien d'autrui quand on possède son superflu. » (2) Voilà ce que nous enseignent Dieu et l'Eglise sur le devoir de l'aumône.

Ecoutez maintenant la *voix de votre cœur* et vous verrez que Dieu, en nous faisant un précepte formel de soulager les malheureux, ne fait pas autre chose que de sanctionner une loi qu'il a gravée lui-même au fond de notre

(1) S. Jacq., 2, 20.
(2) In Ps., 147, n° 12, t. IV.

nature. Quand nous sommes témoins de la souffrance, quels que soient la manière dont elle se manifeste à nos yeux et le sujet qu'elle atteint : enfant ou vieillard, riche ou pauvre, savant ou ignorant, le cri de la souffrance trouve un écho dans notre cœur. Les larmes que nous voyons couler nous arrachent des larmes, et nous éprouvons ce sentiment de tristesse qui s'appelle la pitié. Alors notre âme s'élance vers l'être qui souffre ; elle veut lui porter secours, l'arracher à la douleur; si elle réussit, elle éprouve un indicible sentiment de bonheur, en même temps qu'elle se sent soulagée d'une peine qui l'oppressait. Or, d'où vient ce sentiment ? Qui l'a mis au fond de notre cœur ? N'est-ce pas Dieu qui manifeste ainsi sa volonté, et nous oblige à secourir nos semblables ? Et qui méconnaîtrait cette voix, ou qui chercherait à l'étouffer dans son cœur, aurait renié par là-même ce qui constitue la nature humaine et en fait la grandeur et la beauté. Le Créateur a gravé ce sentiment en traits indélébiles au fond du cœur de tous les hommes; on le trouve chez tous les peuples, même les plus barbares; il survit à toutes les dégradations et à toutes les ruines de l'être humain; on ne peut anéantir ce sentiment sans anéantir l'homme tout entier.

Si, après nous être considérés nous-mêmes, nous jetons un regard autour de nous, nous constaterons que *l'harmonie du monde* repose sur la division de tous les êtres en deux grandes catégories : ceux qui donnent et ceux qui reçoivent. Le soleil répand à profusion ses flots de chaleur et de lumière; l'Océan donne, sous forme de vapeurs, son trop plein à l'atmosphère, et ces vapeurs, portées par le souffle des vents, iront se résoudre en pluie ou en rosée et féconder la nature entière; les glaciers des montagnes donnent leurs eaux aux collines et aux plaines. Cette loi de l'équilibre dans l'orde physique doit être un enseignement pour nous dans l'ordre moral. Celui qui possède en abondance les biens de ce monde doit en faire part à l'indigent;

autrement, il se met en dehors de l'harmonie universelle, et il est dans la société comme un son discordant jeté au milieu des accords d'une musique harmonieuse. On l'a dit, Messieurs, et vous ne l'ignorez pas : « Tout avoir crée un devoir, et la richesse est une fonction sociale. » On ne reçoit que pour transmettre, que pour donner, et la société est un corps dont tous les membres sont liés les uns aux autres, et se doivent un mutuel secours. « Telle est la loi divine, dit saint Thomas ; nous devons communiquer aux autres les biens que nous avons reçus, et ainsi nous nous conformons à la bonté de Dieu qui est la source de tous les êtres. » (1) Si cette loi divine n'existait pas, que faudrait-il penser des soins de la Providence pour les hommes ? Pourquoi se serait-elle donc montrée si prodigue envers les uns, et si avare envers les autres ? Pourquoi verrions-nous ceux-ci, comblés de toutes sortes de biens, nageant dans

(1) *In libr., de div., nom.*, c. 4

les délices, et ceux-là manquant de tout, couverts de haillons et mourant de faim?

Mère pleine de tendresse pour le riche, la Providence n'aurait-elle que de la dureté pour le pauvre, et ne serait-ce donc que pour le livrer à la misère qu'elle lui aurait donné la vie? Parler ainsi serait un véritable blasphème. Dieu n'a pas oublié le pauvre. Il a fait en sa faveur le précepte de l'aumône; c'est par ce moyen qu'il veut rétablir l'équilibre entre les diverses conditions sociales et éprouver la compassion des riches à l'égard des pauvres. « Simples économes des biens qu'ils possèdent, ils doivent en verser la redevance dans l'épargne de leur commun Maître, et l'épargne du Seigneur, dit saint Chrysostome, c'est le sein des pauvres : ils sont les clients de la Providence. *Manus pauperis gazophylacium Christi, ut fiat æqualitas.* »

Non, Messieurs, l'aumône n'est pas un simple conseil; c'est une obligation absolue, rigoureuse, que rien ne saurait remplacer.

C'est vrai, me direz-vous peut-être;

l'homme doit secourir son semblable ; mais ce pauvre dont vous plaidez la cause abuse trop souvent des bienfaits de la charité, et aggrave par ses vices et son inconduite sa propre misère. Je n'examinerai pas ici, Messieurs, ce que ce reproche peut avoir de fondé ; je vous répondrai seulement que Notre - Seigneur Jésus-Christ, qui, sans nul doute, connaissait les défauts du pauvre, nous oblige, sous peine de la damnation éternelle, de le secourir dans ses besoins. Du reste, ce pauvre, qu'est-il par rapport à nous ? N'est-il pas *notre frère ?* N'a-t-il pas la même origine que nous ? N'a-t-il pas été pétri de la même terre, créé à la même image, animé du même souffle, et n'est-il pas appelé aux mêmes destinées ? De plus, il est malheureux. Ici, c'est un vieillard accablé d'infirmités, et déjà incliné vers la tombe. Là, c'est un malade terrassé par le mal, et incapable de subvenir à ses besoins ainsi qu'à ceux de sa famille ; ailleurs, c'est un enfant abandonné ou un orphelin en bas âge. Voilà le pauvre que Dieu nous oblige de secourir. Serait-ce donc à cet être que les heureux du monde refuseraient de donner un morceau de pain? Prenez garde! Le malheureux est une *chose sacrée*, — *res sacra miser* — disait un proverbe païen. Ne passez pas près de lui, sans le secourir. Soyez plutôt le bon Samaritain, et n'oubliez jamais que Dieu punit ceux qui sont sans pitié pour le pauvre. D'ailleurs, qui donc est assuré d'être toujours heureux? Ecoutez la sainte Ecriture: « Un joug pesant est établi sur tous les enfants d'Adam, depuis le jour de leur naissance jusqu'à celui de leur sépulture en la terre, notre mère commune. » (1) — « De tous côtés, dit le poète Schiller, le malheur parcourt les villes; il erre en silence, autour des habitations des hommes; aujourd'hui, c'est à celle-ci qu'il frappe; demain, c'est à celle-là; aucune n'est épargnée, et le messager douloureux, tôt au tard, franchira le seuil de la

(1) Eccli., 40, 1.

porte où demeure un vivant. » (1) N'est-ce pas une pensée semblable que Lacordaire a exprimée en ces termes : « Le malheur est le roi d'ici-bas, et tôt ou tard, tout cœur est frappé de son sceptre ? » (2) Oui, Messieurs, tous les hommes sans exception sont, de quelque manière, tributaires de la souffrance : les uns manquent de pain, les autres d'un abri ; ceux-ci de la santé, ceux-là d'autre chose ; et, si heureux que vous supposiez un mortel, demain, le roi du monde, le malheur, viendra le toucher de son sceptre de fer et anéantir ses joies, ses espérances, sa félicité tout entière. Cessez donc de chercher les causes de la misère du pauvre, voyez seulement en lui un être digne de pitié que Dieu vous commande de secourir, quel qu'il soit.

Si vous me demandez maintenant de vous tracer les règles de votre charité, je vous répondrai avec les saintes Ecritures : « Si vous

(1) Cité par Mme de Stael. *Allemagne.*
(2) 2e conf. de Notre-Dame 1835.

avez beaucoup, donnez beaucoup; si vous avez peu, donnez peu (1); » « mais donnez avec plaisir; Dieu aime celui qui donne avec joie. » (2) Et j'ajouterai avec le pape saint Léon : « On ne vous demande rien de difficile, ni de pénible, rien qui excède votre pouvoir dans les libéralités de l'aumône... Chacun sait ce qu'il peut et ce qu'il ne peut pas. Que chacun examine ses ressources et établisse lui-même une taxe juste et raisonnable, de telle sorte que le sacrifice de la charité soit fait sans tristesse et qu'il ne soit pas regardé comme un dommage. » (3)

II

C'est pour nous un précepte formel de soulager les malheureux ; la parole de Dieu, les sentiments les plus sublimes du cœur, l'ordre

(1) Tob., 4. 9.
(2) Cor., 9. 7.
(3) Cité par Mgr LANDRIOT, *Œuvres pastorales.*

et l'harmonie du monde, notre ressemblance de nature, tout, nous l'avons vu, nous le prouve surabondamment : mais ce précepte n'existerait-il pas que notre *intérêt* seul devrait nous porter à pratiquer la charité à cause des avantages sans nombre qu'elle nous procure. Elle nous rend les imitateurs de Dieu, nous fait éprouver le plus grand de tous les plaisirs, elle est pour nous la plus abondante source de toutes les bénédictions.

Je dis en premier lieu que l'aumône nous rend les *imitateurs de Dieu*. Voyez le Créateur : « Chaque matin, dit le prophète, il ouvre sa main et couvre la terre de ses bénédictions; chaque matin, il fait lever son soleil sur les bons et sur les méchants ; son immense bonté est comme un fleuve qui entoure et baigne la création tout entière. » Et Notre-Seigneur Jésus-Christ, pour qui descend-il de son trône de gloire et vient-il sur la terre ? Pour les pauvres. Pour qui tous ces prodiges ? Pour les pauvres. Pour qui toutes ces souffrances, toutes ces humiliations, cette mort ignominieuse sur la croix? Pour les pauvres. Pour qui cet évangile qui va régénérer le monde ? Pour les pauvres. L'humanité tout entière, en effet, était plongée dans les plus épaisses ténèbres et dans la plus profonde dégradation, privée de l'amitié de Dieu, et condamnée à la souffrance et à la mort éternelle. C'est donc uniquement pour les pauvres que Jésus-Christ est descendu du ciel. On peut dire que, depuis le jour de sa naissance jusqu'à celui de sa mort, toutes ses œuvres, toutes ses paroles, tous les battements de son cœur ont été pour les pauvres. Oui, Messieurs, telle est l'œuvre de Dieu à l'égard des hommes, et telle est l'œuvre que nous imitons dans une certaine mesure, quand nous nous penchons vers les malheureux pour les secourir. Plus notre aumône est désintéressée, plus elle échappe aux regards de l'homme, plus elle est belle, plus elle est grande, plus elle se raproche de l'œuvre de Dieu. Comme l'a dit excellemment un illustre évêque de notre époque : « Par le don volontaire et désintéressé, nous nous élevons au-dessus de la nature humaine, et nous entrons en participation des attributs divins. C'est ce qui donne à certaines actions un éclat spécialement divin ; elles brillent d'un éclat pur qui frappe les consciences les plus vulgaires, et quand on est témoin de ces actes où l'humain est étranger, où les intérêts de ce monde sont complètement oubliés, on demeure saisi d'amour et d'admiration, et l'on s'écrie : C'est la lumière et la bonté de Dieu qui se révèlent au monde.» (1) L'aumône en effet, nous élève tellement au-dessus de tous les êtres que le malheureux qui en est l'objet voit en celui qui le soulage une apparition vraiment surnaturelle, une image véritable de la divinité; car, de même que l'éclat du soleil et l'azur des cieux se reflètent dans une goutte de rosée, de même la grandeur et la bonté de Dieu se reflètent dans un acte de charité. Aussi, est-ce jusque dans les profondeurs de

(1) Mgr LANDRIOT, l'*Aumône*.

son être que le malheureux est touché. Voyez-le : il est en proie à la plus douce et à la plus tendre émotion ; ses yeux sont baignés de larmes, et c'est avec un inexprimable sentiment d'amour et de reconnaissance que, de ses lèvres tremblantes, s'échappe ce simple mot : Merci, que Dieu vous bénisse !

Cet homme était-il dur, irréligieux, haineux ? Vous l'avez attendri ; vous avez préparé sa conversion, car « la charité pour les pauvres est comme une rosée qui détrempe les cœurs endurcis, et permet à la parole de Dieu de pénétrer ces terres desséchées et de subir le premier travail de la germination. L'aumône est comme un feu purifiant qui amollit ces barres de fer, et permet à la grâce de les courber sous le joug de la foi. » (1) Oui, tel est sur le malheureux l'effet de l'aumône. Rien, ni génie, ni gloire, ni fortune, n'exerce sur lui un attrait semblable. « Par-dessus toutes choses, soyez bons, dit Lacordaire ; la

(1) Mgr Landriot, *ib.*

bonté est ce qui ressemble le plus à Dieu et désarme le plus les hommes. » (1) La bonté et la miséricorde sont en effet le caractère essentiel de Dieu : « Dieu est charité, dit saint Jean, *Deus charitas est*, » et quand le malheureux est témoin d'un acte de charité, c'est un rayon de la bonté de Dieu qui a brillé à ses yeux.

Soyez donc les imitateurs de Dieu, comme l'enfant est l'imitateur de son père, comme le disciple est l'imitateur du maître. C'est la voie naturelle que tout chrétien doit suivre, car « le christianisme est l'imitation de la nature divine », nature qui se révèle à nous par la plus grande et la plus sublime charité. Faire l'aumône, secourir les malheureux, compatir à leurs souffrances, c'est donc marcher sur les traces de Notre-Seigneur Jésus-Christ, le modèle par excellence, et suivre la voie qu'ont suivie les saints de tous les siècles. N'est-ce pas en effet la charité, qui

(1) 29e lettre à des jeunes gens.

est la note caractéristique de tous les vrais serviteurs de Dieu? C'est saint Louis, roi de France, saint Louis, le modèle des princes, le héros chevaleresque et doux, qui reçoit les pauvres à sa table, les sert à genoux, leur lave les pieds, et les regarde non seulement comme ses amis et ses frères, mais comme les représentants de Jésus-Christ. Que de pieuses fondations, que d'actes héroïques ne pourrait-on pas citer à la gloire de ce bon roi! Un jour, un vendredi saint, à Compiègne, comme il visitait les églises, il aperçoit un lépreux qui, n'osant approcher, essayait pourtant d'attirer son attention. Louis s'avance, lui donne de l'argent, lui prend la main et la baise. « Tous les assistants, dit le chroniqueur, se signèrent d'admiration, en voyant cette sainte témérité du roi, qui n'avait pas craint d'appliquer ses lèvres sur une main que personne n'aurait osé toucher » (1). C'est sainte Elisabeth de Hongrie,

(1) V. de Witt, *la Charité*.

grande-duchesse de Thuringe, qui se dépouille de toutes ses parures et de toutes ses richesses pour faire l'aumône. Voyez-la cette jeune princesse, si frêle et si délicate, quittant la nuit son palais. Un lourd fagot de bois fait plier ses épaules. Où va-t-elle, par cette nuit sombre, dans cette saison rigoureuse? La neige couvre la terre. Pourquoi ne charge-t-elle pas ses suivantes de porter ce fardeau? Ah! c'est qu'il y a sur la montagne, qui avoisine son palais, une pauvre femme malade, et mourant de froid et de misère; Elisabeth veut la secourir elle-même, la réchauffer, la soigner comme si c'était sa mère... Aux filles qui la suivent et qui sont transies de froid, elle dit gaiement : « Mettez vos pas dans les miens. » Et, prodige admirable, la neige, foulée par cette jeune femme, réchauffe les pieds glacés de ses suivantes. Quel courage, quelles vertus se révèlent dans la vie tout entière de cette sainte! Ici, elle nourrit des enfants abandonnés; là, elle nettoie de pauvres lépreux; ailleurs, oserai-je le dire? Vos oreilles peut-être trop délicates, ne seront-elles pas blessées?.. ailleurs elle suce le pus d'un ulcère incurable qui se trouve guéri miraculeusement par le contact de ses lèvres bénies. (1)

Et saint Vincent de Paul, notre patron bien-aimé, le passerai-je sous silence? Saint Vincent de Paul, l'organisateur de la charité publique à Paris, en France, et, on peut le dire, dans le monde entier ; le fondateur de cette admirable institution des Filles de la Charité qui restera le plus beau titre de gloire de la religion et de l'humanité. Saint Vincent de Paul! Que de bienfaits ce nom n'évoque-t-il pas! Il suffit de le nommer pour qu'aussitôt riches ou pauvres, savants ou ignorants, croyants ou incrédules s'inclinent respectueusement et bénissent sa mémoire. Saint Vincent de Paul! qui aima jamais les pauvres comme lui? « Cherchons,

---

(1) V. LOBRY. *Instructions populaires*, et LACORDAIRE. Conférence sur la Sainteté.

disait-il aux siens, cherchons les plus abandonnés, et reconnaissons devant Dieu que ce sont nos seigneurs et nos maitres, et que nous sommes indignes de les servir. » Un fait presque incroyable, tant il est au-dessus des forces ordinaires de la nature, nous donnera une idée de sa charité. En visitant les galériens dont il était l'aumônier, il rencontre un jeune forçat, condamné sur de faux témoignages, et inconsolable d'une captivité qui l'enlève à l'amour et aux besoins d'une famille sans ressources. Vincent est ému de son désespoir, et se sent pressé de lui rendre la liberté au prix de la sienne; il obtient de porter ses chaines, doublement heureux et de la joie d'une famille qu'il rappelle à la vie, et des souffrances qu'il endure au nom de la charité (1). Prendre les chaînes d'un galérien, se substituer à à lui, souffrir à sa place, n'est-ce pas là pousser la charité jusqu'à ses dernières limites, et

(1) Voir *Sa Vie* par Abelly, et *Panégyrique de Saint Vincent de Paul*, par l'abbé Ch. de Place.

suivre de près le Sauveur du monde, se substituant à l'humanité coupable, et mourant sur la croix pour la racheter ? Voilà les saints, voilà les vrais imitateurs de Dieu, voilà les belles et grandes figures qui ont reflété la douce et radieuse lumière du ciel ! Quand vous faites l'aumône, vous marchez sur leurs traces. Pourriez-vous donc vous trouver dans une voie plus noble et en meilleure compagnie ?

Mais ce n'est pas tout, Messieurs ; si l'aumône nous élève au-dessus de tous les êtres et nous rapproche de Dieu, elle apporte encore à notre âme *la joie la plus douce et la plus pure.*

L'homme est né pour le bonheur ; il le cherche partout. C'est qu'il a, au fond du cœur le souvenir de sa divine origine, et, comme l'exilé, il songe instinctivement à la patrie absente. N'est-ce pas ce que le poète a voulu exprimer par ces vers ?

Borné dans sa nature, infini dans ses vœux,
L'homme est un Dieu tombé qui se souvient des cieux.

Il veut aimer toujours, ce qu'il aime est fragile;
Il veut sonder le monde, et son œil est débile. (1)

Oui, l'homme est né pour le bonheur, et c'est le bonheur qui est le mobile de toutes ses actions. C'est pour le bonheur qu'il cherche la fortune, pour le bonheur qu'il cherche la gloire, pour le bonheur qu'il cherche les plaisirs de l'âme et les plaisirs des sens. Or, ce bonheur tant cherché, l'homme l'a-t-il jamais trouvé? Le trouve-t-il dans la fortune? Hélas! la fortune n'est souvent qu'une cause de trouble, d'inquiétudes, d'agitations de tous genres! Et si les hommes voient le côté brillant des richesses, ils n'aperçoivent pas toujours les épines cachées sous les fleurs. Le bonheur est-il dans la gloire? Mais tout cela passe comme une ombre, et l'homme veut aimer toujours. Est-il dans les plaisirs des sens? Mais ces plaisirs ne laissent que des déceptions, quand ils n'engendrent pas le remords. Où trouve-

(1) Lamartine, *Méditations.*

rons-nous donc le bonheur? Dans la pratique de la vertu. C'est l'Esprit-Saint qui nous l'apprend : « L'âme juste est dans un festin perpétuel. » L'auteur de l'*Imitation* dit à son tour que, s'il y a quelque joie en ce monde, « elle doit être le partage de l'âme juste ». Cette vérité, que nous enseigne la religion, avait frappé les philosophes païens eux-mêmes : « Ceux qui possèdent la vertu seuls sont riches, dit Cicéron, car seuls ils ont des biens productifs et impérissables, et seuls ils sont satisfaits de ce qu'ils ont. » Or, comme la charité est une vertu, et l'une des plus importantes, il résulte que plus nous la pratiquerons, plus nous éprouverons ce plaisir divin de faire le bien, et plus nous serons heureux. Ecoutez plutôt : saint Vincent de Paul assistait un jour une religieuse sur le point de mourir : « N'avez-vous pas, ma sœur, dit le saint, quelque peine et quelque remords sur la conscience? — Non, mon père, répondit la sœur, sinon que j'ai pris trop de plaisir à servir les pauvres. — Quoi, ma fille, rien que cela ?— Rien que cela, mon père ; j'y ai pris trop de satisfaction, car, quand j'allais par les villages voir ces bonnes gens, il semblait que je ne marchais pas, mais que j'avais des ailes, et que je volais, tant j'avais de la joie à les servir. — Mourez en paix, » dit le saint (1).

Voilà le bonheur pur et sans mélange que goûtent toutes les âmes charitables. N'est-il pas vrai, Mesdames, que, toutes les fois que vous avez secouru un malheureux, consolé un affligé — et Dieu sait si cela est arrivé souvent — vous avez éprouvé ce sentiment de bonheur ineffable, bonheur qui n'avait rien d'humain, mais qui était surnaturel et céleste comme l'action que vous veniez d'accomplir ?

Enfin, non seulement l'aumône est pour nous une source de joie pure et surnaturelle, mais elle est encore la plus *abondante source de toutes les bénédictions.*

En prenant notre nature humaine, en naissant pauvre, dans une étable, et « sous la

(1) *Vie de saint Vincent de Paul*, par Meynard.

forme d'un esclave, » comme le dit l'Apôtre, Jésus-Christ s'est incarné dans le pauvre, et, par cet anéantissement volontaire, il a relevé le pauvre de l'état d'abjection où il était tombé; il l'a réhabilité, ennobli; il a jeté sur lui l'éclat de sa divinité; il l'a transfiguré, et lui a ainsi assuré le respect de tous les siècles à venir.

Désormais, sous la loi du Christ, loi d'amour par excellence, le pauvre n'est plus le vil esclave, l'être repoussant, méprisé, que nulle législation humaine n'avait protégé, que nul philosophe n'avait pris en pitié; il devient maintenant l'homme libre, l'égal du riche, le frère du riche : « Vous êtes tous frères, a dit Jésus-Christ, aimez-vous les uns les autres. » Que dis-je? Le pauvre devient le représentant de Dieu. Jésus-Christ regarde comme fait à lui-même tout ce qui aura été fait au pauvre. « Tout ce que vous aurez fait au plus petit de mes frères, c'est à moi-même que vous l'aurez fait » (1). Faire l'aumône au

(1) Math., 25-40.

pauvre, ce sera donc faire l'aumône à Jésus-Christ lui-même, et quand le pauvre souffrira, c'est Jésus-Christ lui-même qui souffrira : *Eget Christus, quando eget pauper*, a dit saint Augustin (1). Alors une vertu inconnue au monde ancien, la charité, descendra du ciel et répandra sur la terre les plus doux et les plus suaves parfums ; alors le riche verra dans le pauvre l'image de Jésus-Christ et il lui tendra la main pour le secourir ; alors les bonnes œuvres de tous genres : les hospices, les hôpitaux, les refuges, les aumônes, toutes les œuvres de charité, quels qu'en soient le nom et le but, jailliront de partout, comme autant de sources fécondes de bien, coulant du sein même de Dieu ; alors s'opérera dans le monde une véritable révolution d'amour. Et comme la reconnaissance des hommes serait vaine et stérile, c'est Jésus-Christ lui-même qui s'engage à nous récompenser : « Un verre d'eau froide donné en mon nom ne demeu-

(1) Saint AUGUSTIN, *serm.* 38.

rera pas sans récompense » (1). Je comprends maintenant la parole de saint Jean Chrysostôme : « L'aumône est le commerce le plus lucratif de tous, *ars omnium quæstuosissima...* » (2)

« Le pauvre, dit saint François, est le seul moyen que nous ayons de donner quelque chose à Dieu, car le pauvre seul donne à Dieu la possibilité d'avoir besoin. Qu'elle est donc heureuse l'âme charitable, car elle peut faire l'aumône à Celui qui verse avec surabondance ses bienfaits sur toute la création ! (3) » Saint Augustin proposait aux familles de son temps, un excellent moyen de pratiquer la charité envers les pauvres, et de se rendre ainsi dignes de toutes les bénédictions du ciel. « Veuillez, disait-il, compter Jésus-Christ au nombre de vos enfants ; que ce soit un de plus dans la famille ; vous en avez deux,

(1) Math., 10-42.
(2) S. Chrys., Hom. 32.
(3) Op., *saint François d'Assise.*

qu'il soit le troisième; vous en avez trois, qu'il soit le quatrième; vous en avez cinq, qu'il soit le sixième, et vous lui donnerez dans la personne du pauvre, sa part dans le patrimoine. » (1) Voyez-vous, Messieurs, quelque chose de plus beau, de plus chrétien, et de plus capable d'attirer les bénédictions du ciel, que d'adopter ainsi Jésus-Christ au nombre de ses enfants? Et qu'on ne craigne pas de compromettre sa fortune ; c'est un fait bien connu, et que vous avez pu constater souvent vous-mêmes, que Dieu bénit les familles charitables. La sainte Ecriture ne proclame-t-elle pas que celui qui donne au pauvre ne connaîtra pas l'indigence, mais que celui au contraire qui détourne son œil de leur misère, tombera dans le dénûment? (2) « Jetez votre pain sur les eaux qui passent, et plus tard, vous le retrouverez. » (3) Ces eaux

(1) S. Aug., *Serm.*, 86.
(2) Prov., 28.
(3) Eccl., 11, 1.

qui passent, n'est-ce pas la vie qui coule comme un fleuve, et ce pain jeté sur les eaux n'est-ce pas l'aumône ? Une fois jetée sur ces eaux agitées de la vie, il semble que l'aumône va disparaître ; elle disparaît en effet : elle tombe d'abord dans le gouffre de l'indigence, comme ces objets que l'on jette sur certains fleuves. Ils disparaissent aux regards, traversant des grottes souterraines ; puis, ils reparaissent, plus loin, à une distance considérable. Ainsi, l'aumône semble tomber, comme nos autres actions, dans le fleuve qui coule, mais un jour nous sommes étonnés et ravis de la voir surnager et se présenter à nous-mêmes comme une source de bénédictions, même en ce monde. (1) L'aumône, en effet, est tellement agréable à Dieu qu'il s'est plu bien souvent à la récompenser par des prodiges éclatants. Voyez saint Germain, (2)

(1) V. Corn. à Lap., cité par Landriot.

(2) Saint Germain, né à Autun, en 496, devint évêque de Paris vers 554 ; on lui doit la fondation

abbé de Saint-Symphorien ; (1) il porte la charité jusqu'à donner aux pauvres tout ce que renferme le monastère, et cet excès de libéralité mécontente les autres religieux qui se trouvent ainsi réduits à l'indigence. Il arriva même une fois que le pain du jour vint à manquer à l'abbaye ; mais Germain se met en prière, et l'on voit aussitôt venir deux chevaux, chargés de pains, que la femme du seigneur Ebron envoyait, et le lendemain deux charrettes pleines de vivres arrivèrent d'un autre côté (2).

Qui ne connait le miracle des roses, opéré en faveur de cette grande sainte dont je vous parlais il y a un instant, sainte Elisabeth de Hongrie, grande duchesse de Thuringe ?

Elle porte dans son manteau du pain et d'autres mets pour les distribuer aux pauvres. Son mari survient et ouvre, malgré elle, le

---

d'une église qui porte encore aujourd'hui le nom de Saint-Germain-des-Prés (BOUILLET, *Dict. hist. et géog.*)

(1) St-Symphorien, diocèse d'Autun.

(2) Fortunat, cité par Arthur Loth.

manteau qu'elle serre, tout effrayée, contre sa poitrine ; mais il ne trouve que des roses, des roses blanches et rouges, dont la beauté ravissante et les senteurs suaves disaient, en un langage éloquent, que l'aumône est belle aux yeux de Dieu, et qu'il la récompense, même en ce monde (1).

Si l'homme ne doit pas être indifférent à ses intérêts, même temporels, à plus forte raison doit-il veiller avec le plus grand soin aux *intérêts de son âme*, puisqu'il s'agit de son bonheur éternel. Eh bien, voulez-vous savoir quel est le meilleur moyen d'assurer le salut de votre âme ? C'est de faire l'aumône. Ecoutez la sainte Ecriture : « Ah ! qu'on paraît devant Dieu avec confiance, disait Tobie, quand on a fait l'aumône ! Non, mon fils, l'aumône ne laissera pas notre âme tomber en enfer. Elle nous délivre de la mort, nous purifie de nos péchés et nous fait trouver la mi-

(1) Voir la *vie de sainte Elisabeth*, par M. de Montalembert.

séricorde et la vie éternelle. » (1) C'était le conseil que le prophète Daniel donnait au roi impie Nabuchodonosor : « Rachetez vos péchés par l'aumône. » (2)

« Faites l'aumône de votre superflu, dit Notre Seigneur, et aussitôt tout est purifié dans votre vie. » (3) L'aumône, comme le fait remarquer saint Ambroise, devient donc comme une espèce de sacrement qui efface toutes les fautes que l'on aurait pu commettre après le premier sacrement de la régénération. (4) Et ce même saint regarde la prière du pauvre, comme tellement puissante sur le cœur de Dieu, qu'il s'écrie : « Pour moi, j'ai une défense assurée, c'est dans la prière des pauvres. Ces aveugles, ces boiteux, ces vieillards, ces infirmes que j'ai secourus, sont plus capables de me défendre que les plus intrépides soldats ; l'aumône faite au pauvre lie

(1) Tobie, IX, 12.
(2) Daniel, IV, 24.
(3) S. Luc, XI, 41.
(4) Cité par C. à Lap., v. LANDRIOT, *l'aumône*.

et engage la divinité. »(1) « Je n'ai jamais vu, disait saint Jérôme, qu'un homme charitable, ait fait une fin malheureuse. »

Mais écoutons encore la sainte Ecriture : « *Conclude eleemosynam in corde pauperis, et hæc pro te exorabit ab omni malo*, renfermez l'aumône dans le sein du pauvre, elle priera pour vous, et vous délivrera de tout mal. » (2) Voyez-vous, ce n'est pas seulement le pauvre qui prie, c'est l'aumône elle-même, qui, comme un encens d'agréable odeur, brûle continuellement, et ne cesse de monter vers le trône de Dieu, pour rappeler au Seigneur ce qu'il doit aux miséricordieux. « *Eleemosynæ tuæ ascenderunt in memoriam in conspectu Dei.* » (3)

Nos livres saints sont intarissables, quand ils nous parlent des avantages de l'aumône, et j'avais raison de vous dire que si Dieu ne

(1) Serm., XXI.
(2) Eccli., XXIX, 15.
(3) Act., X, 4.

nous avait pas fait le précepte de la charité, notre intérêt seul devrait nous porter à pratiquer cette vertu, à cause des biens sans nombre qu'elle nous procure.

Voulez-vous donc, Messieurs, vous élever au dessus de tous les êtres, vous rapprocher de la divinité, entrer en participation de ses attributs ? Faites l'aumône, car rien ne nous rend semblables à Dieu comme de faire le bien. Voulez-vous goûter les nobles et pures jouissances que procure la charité ? Faites l'aumône. « L'aumône, dit saint Bonaventure, apporte la sérénité dans l'âme, » et la sérénité dans l'âme, c'est la joie et le bonheur. Voulez-vous vous rendre dignes des bénédictions de Dieu, même en ce monde ? Faites l'aumône, car qui donne au pauvre prête à Dieu, et Dieu nous rend au centuple. Voulez-vous vous ménager les plus douces consolations au moment de votre mort ? Voulez-vous que Dieu vous fasse un jour miséricorde ? Faites l'aumône, car Dieu se servira pour vous de la mesure dont vous

vous serez servis envers les autres. Si vous avez été bons, miséricordieux, Dieu sera bon et miséricordieux pour vous ; et ainsi l'aumône, en vous préservant de la mort éternelle, vous méritera, quand vous paraîtrez devant Dieu, d'entendre ces douces et consolantes paroles : « Venez, les bénis de mon Père ; j'ai eu faim, et vous m'avez donné à manger ; j'ai eu soif, et vous m'avez donné à boire ; j'étais nu, et vous m'avez couvert ; sans asile, et vous m'avez recueilli. Possédez le royaume des cieux qui vous a été préparé, depuis le commencement du monde. » (1)

III

Telle est l'aumône. J'en ai prouvé l'obligation, exposé la grandeur, affirmé les avantages. Il me reste à vous montrer, dans un troisième point, qu'une excellente manière de

(1) S. Math.

la rendre durable et, par là même, plus effective, c'est de faire des *donations en faveur des œuvres hospitalières.*

Si les hospices et les hôpitaux ont été, de tous temps, excessivement utiles à la société, ils le sont bien plus encore aujourd'hui, où le nombre des vieillards pauvres et sans ressources est plus considérable, et où les revendications sociales sont plus vives et plus ardentes. Il est en effet, à notre époque, une question qui passionne la société, et menace de la troubler profondément : c'est la question du paupérisme, ou ce que l'on appelle encore la question sociale. Lisez tous ces journaux, écoutez tous ces discours, considérez cet enrôlement des classes laborieuses sous les drapeaux du socialisme. Prêtez l'oreille, et jetez les yeux autour de vous : n'entendez-vous pas des grondements de colère, semblables à des bruits souterrains, précurseurs des cataclysmes ? Ne voyez-vous pas ces sombres nuages amoncelés à l'horizon, et portant dans leurs flancs tous les éléments de la tempête ? Ce siècle qui finit ne nous dit-il pas ce que sera cet autre qui va commencer? « Sachez bien, s'écrie M. Leroy-Beaulieu, parlant à des jeunes gens, que jamais, à aucune époque de l'histoire, génération nouvelle n'a eu devant elle une tâche aussi lourde que celle qui va incomber à vos jeunes épaules. De la première moitié du siècle qui vient dépendra peut-être, pour des centaines et des centaines d'années, l'avenir de notre France, l'avenir de notre race blanche, l'avenir de l'humanité civilisée. Cet avenir, ne le jouez pas à la légère, sur la foi de spécieuses promesses et sur le mirage de brillantes utopies, car ce qui est en cause, ce qui est entre vos mains — ne l'oubliez pas — c'est le sort de la civilisation occidentale. Voulez-vous être des soldats, des pionniers du progrès social? Choisissez les routes les plus sûres, alors même qu'elles ne vous sembleraient pas les plus séduisantes. Rappelez-vous qu'en dépit de tous nos progrès, en dépit de nos sciences et de notre instruction obligatoire, il reste toujours des barbares au fond de notre société... Nous ne sommes pas, Messieurs, de ceux qui s'engagent à vous conduire, à brève échéance, dans l'Eldorado rêvé, dans la terre promise où le lait et le miel couleront en abondance, où, avec moins de travail, il n'y aura plus ni souffrance ni misère. Notre ambition, ou mieux notre présomption est moindre; nous sommes venus vous convier à travailler avec nous à diminuer la somme des maux dont souffre l'humanité, à relever, l'un par l'autre, le bien-être matériel et le niveau moral des classes laborieuses, à combattre les préjugés et les égoïsmes, à rapprocher les hommes et à réconcilier les classes pour le salut de la patrie commune. » (1)

Or, pour diminuer la somme des maux dont souffre l'humanité, pour relever le bien-être matériel, rapprocher les hommes, récon-

---

(1) *Pourquoi nous ne sommes pas socialistes.* Conf. par Anatole LEROY-BEAULIEU.

cilier les classes, le meilleur moyen, c'est celui que Dieu nous a prescrit, c'est la pratique de la charité, c'est l'aumône, c'est le soulagement de toutes les misères, et surtout l'assistance des vieillards pauvres et des malades sans ressources. Et le chemin le plus sûr, le plus court pour arriver à ce bût, c'est de *multiplier autant que possible les hospices et les hôpitaux.*

La misère, n'est-il pas vrai? voilà ce que redoutent les classes laborieuses et tous les déshérités de la fortune ; voilà la raison de toutes leurs inquiétudes, la cause principale de toutes leurs plaintes, et le prétexte de toutes leurs revendications sociales. « Que deviendrons-nous quand nous serons vieux, malades, infirmes? se disent-ils tout bas, et cette perspective de manquer des choses nécessaires à la vie et de mourir sans soins et sans secours fait naître et entretient dans leur cœur la haine et la jalousie contre ceux qui possèdent, et les prépare à la révolte. Eh bien! montrez à tous les travailleurs, à tous les déshérités, un établissement hospitalier où, quand ils seront malades, infirmes, ils seront reçus et soignés gratuitement; assurez-les que, lorsque la vieillesse viendra paralyser leurs bras, l'hospice est là pour les accueillir, et que, dans cet établissement, ils retrouveront les soins les plus tendres et les plus délicats d'une mère, d'une sœur, d'une épouse. Alors ces hommes qui, il y a un instant, étaient durs et aigris, ces hommes qui ne respiraient que haine contre la société et surtout contre les riches, sont tout à coup transformés. Ils ne vous haïssent plus; ils vous aiment et vous bénissent, et la société, qu'ils regardaient comme une marâtre, devient une mère dont ils seront désormais les enfants dévoués et reconnaissants. « On désarme les plaintes sincères, si on s'occupe d'elles pour satisfaire ce qu'elles ont de fondé; quand le révolté est un souffrant et non un fanatique, intoxiqué de théories vénéneuses, on peut le ramener par le soulagement de ses misères et le pansement de ses plaies. Comme l'a dit justement un poète, cet homme-là :

En cessant de souffrir, va cesser de maudire (1). »

Tel est l'effet d'une œuvre hospitalière : elle me paraît arracher la haine et la colère du cœur des hommes, comme le paratonnerre arrache la foudre aux cieux. Pourquoi, Messieurs, le moyen âge n'a-t-il pas connu le paupérisme, cette plaie de notre société moderne, cette source intarissable de haines, de jalousies et de troubles de tous genres ? C'est que le moyen âge a largement et universellement pratiqué la charité. Je laisse ici la parole aux savants auteurs qui ont longuement étudié et fouillé cette époque de notre histoire. « Nos archives, dit M. Léon Gautier, sont pleines d'actes où de pieux fondateurs assurent à manger à tous ceux qui ont

(1) *Conférence sur le rôle et le devoir du capital*, par Cheysson.

faim, et à boire à tous ceux qui ont soif. »(1) « Au moyen âge, dit aussi M. Arthur Loth, la fortune des pauvres dépassait peut-être celle des riches : il y avait au moins autant d'hôpitaux que de châteaux. Les ressources de la charité égalaient, si elles ne les surpassaient, celles du luxe et des plaisirs. » (2) « On ne faisait guère de testament sans léguer à l'hospice de sa contrée une terre, un bois, une maison, des prés, en sorte qu'en 1789, les pauvres possédaient une partie de notre territoire presque aussi importante que le clergé (3). » Il n'y avait pas que les hospices et les hôpitaux proprement dits, pour secourir les malheureux : les châteaux (4), les mai-

---

(1) Léon GAUTIER, *O. c.*, p. 42.

(2) *La charité en France avant la Révol.*, p. 178.

(3) Léon MAITRE.

(4) « A l'entrée de quelques-uns de ces vieux châteaux féodaux, échappés à la destruction commune, on voit encore le logis où les gens du seigneur, souvent la châtelaine elle-même, distribuaient aux indigents, le pain, les aumônes. C'était un devoir de la charge seigneuriale de prendre soin des pauvres vas-

sons épiscopales (1), les presbytères (2), et surtout les monastères, les abbayes, pratiquaient la charité sous toutes les formes et étaient comme autant d'asiles qui accueil-

---

saux. Souvent le château fort, comme le couvent, avait une salle d'infirmerie. » A. L., p. 106 et 104

« Des documents non moins sûrs, dit M. Prévost, ce sont les testaments ; il n'en est guère qui, en dehors des legs pieux, ne contiennent la prescription de faire aux pauvres des seigneuries appartenant au testateur, les distributions d'argent, de vêtements, de bois, d'aliments. » O. C. p. 119, Art. Loth, p. 105.

(1) « Lorsque la société chrétienne se fut organisée, l'évêque eut spécialement la charge de recevoir les pauvres étrangers. Des hospices, *hospitiola*, furent fondés près des églises ; dans toutes les maisons épiscopales, il y eut des chambres spécialement destinées aux voyageurs. » Léon Gautier.

(2) « Hérard, archevêque de Tours, Hincmar, archevêque de Reims, recommandent aux curés d'exercer l'hospitalité avec autant de zèle que les évêques et les abbés, en proportion de leurs moyens. Ils leur prescrivent particulièrement de faire asseoir à leur table les étrangers et les pauvres de passage. Que chaque cité, avait dit le concile de Tours de 567, nourrisse les pauvres habitants, que les prêtres de campagne et les citoyens nourrissent chacun leurs pauvres. Arth. Loth. *La Charité en France avant la Révolution*, p. 176.

laient les pauvres, les nourrissaient et leur prodiguaient tous les soins. « Jamais, dans l'ancien temps', l'hospitalité n'est refusée à qui frappe à la porte d'un de ces nombreux hospices que la charité des monastères et des séculiers avaient multipliés dans les villes et sur les routes fréquentées par les pèlerins et les voyageurs. » — « Que l'on mette tous les soins à bien recevoir les pauvres et les pèlerins, disait la règle de saint Benoît, le grand fondateur des moines d'Occident. Que tous les pauvres qui se présenteront soient reçus comme Jésus-Christ, car c'est lui-même qui dira un jour : J'étais hôte, et vous m'avez reçu. » (1)

(1) « Près des abbayes, comme près des maisons épiscopales, s'élevaient partout des maisons-Dieu, entretenues en grande partie par les subventions des moines. Mais les monastères étaient eux-mêmes des hôpitaux, ils avaient leur hôtellerie plus ou moins grande, *cella hospitum*, *hospitale*, *hospitium*, où l'on recevait les voyageurs, les pèlerins et les malades. »

« Partout les monastères ont été la providence du pays. » Un des principaux devoirs de la vie monastique

« L'indigence était partout secourue et la pauvreté honorée. Elles avaient leurs biens,

---

était la pratique de la charité envers les pauvres et les étrangers. La règle disait : Tu dois être empressé, bienveillant, zélé pour les pauvres comme pour tes amis, car, ainsi qu'il est dit dans la sainte Ecriture, « leur nom est honorable aux yeux de Dieu ». Arthur LOTH, pp. 61, 62, 63 et 210.

« Un capitulaire de l'an 806 porte « Que chacun, « évêques, abbés, abbesses, seigneurs, comtes ou gens « du roi, et tous autres fidèles qui ont des bénéfices « royaux, tant des biens ecclésiastiques que de tous « autres biens, fassent nourrir leurs hommes, chacun « sur son bénéfice. »

« A la suite des calamités causées par les incursions des Normands, la misère s'était accrue. Au xe et au xie siècle, ce n'était plus assez, pour venir en aide à la population pauvre, que les secours de la charité privée et les distributions de pain des églises et des abbayes. Le système de l'hospitalisation s'imposait. Sous l'impulsion nouvelle de l'esprit de charité et avec la reprise de la vie nationale, on se mit, après l'an 1000, à bâtir partout des asiles pour la misère, en même temps que surgissait la multitude des églises neuves, comme un symbole de la résurrection de la France... »

« Au xiiie siècle, la France possède une multitude de maisons de charité de tout genre, de tout nom, leurs maisons, leurs serviteurs, tout comme la richesse. Elles étaient sur le même pied

---

grandes ou petites ; il y en a dans chaque ville, presque dans chaque village. » Arth. LOTH, p. 177.

« Au XIIe et au XIIIe siècle, dit M. Léopold Delisle, quand la société féodale et religieuse eut reçu la plus parfaite organisation que le moyen âge ait connue, les établissements charitables prirent en France de merveilleux développements. »

« Tous les documents prouvent qu'au moyen âge, les établissements hospitaliers étaient beaucoup plus nombreux qu'aujourd'hui, particulièrement dans les campagnes. » A. Loth.

« Une statistique des hôpitaux et hospices de l'empire français, publiée en 1869, évalue leur nombre à 1.557 seulement, encore la plupart étaient-ils de création antérieure à la Révolution de 1789. La première République n'en avait fondé pour son compte que 10 ; l'Empire, 16 ; la Restauration, 53 ; le gouvernement de Louis-Philippe, 71 ; la deuxième République, 10 ; le second Empire, 172. (Voir *Journal officiel*, août 1869.) Depuis, sous la troisième République, leur nombre n'a guère augmenté. C'est par milliers qu'il faudrait compter les divers établissements charitables à un siècle quelconque du passé. Les guerres de religion du XVIe siècle furent une époque néfaste pour les établissements de bienfaisance dont le moyen âge avait couvert le sol de la France. Dans les campagnes, la plupart des hôpitaux établis en aussi grand nombre d'égalité. C'est une des raisons pour lesquelles la rivalité des classes n'existait pas comme elle existe aujourd'hui. Et, à part les temps de grandes famines qui désolaient parfois plusieurs provinces et même le royaume tout entier, le paupérisme fut inconnu au moyen âge. » (1)

Ainsi en serait-il sûrement à notre époque, si les œuvres de charité, notamment les hospices et les hôpitaux, étaient plus répandus. Car, ne l'oubliez pas, Messieurs, l'œuvre de charité par excellence, c'est l'hospice pour

---

par les siècles précédents furent fermés ou abandonnés, et leurs biens réunis aux établissements hospitaliers des villes voisines qui survécurent à la tourmente religieuse. Dans les villes, beaucoup avaient péri aussi par suite des troubles et des ravages causés par le protestantisme, il fallut attendre le XVIIe siècle, siècle de renaissance religieuse et de centralisation administrative, pour la reconstitution du régime hospitalier qui avait été l'honneur du moyen âge. » (Voir BABEAU, *la Ville*, p. 416, et A. LOTH, *la Charité catholique en France avant la Révolution*, p. 231.)

(1) Arthur LOTH, *la Charité avant la Révolution*, p. 178 et 179.

les vieillards et l'hôpital pour les malades pauvres. C'est là l'œuvre éminemment sociale, l'œuvre *religieuse* et *patriotique* tout à la fois. Et travailler à cette œuvre, c'est travailler à la plus sainte et à la plus noble des causes : *pro aris et focis*, pour les autels et pour les foyers, comme le disaient nos ancêtres. Oui, pour les *autels*, car si la charité pour les pauvres dispose les cœurs à la conversion ; si, comme je viens de le dire, « elle est une rosée qui détrempe ces cœurs endurcis et permet à la parole de Dieu de pénétrer ces terres desséchées et de subir le premier travail de la germination », elle agit d'une manière plus efficace encore, quand elle est faite à une œuvre hospitalière, car alors elle est distribuée aux malheureux d'une manière plus sûre, plus complète et surtout plus durable. Alors, en effet, elle ne soulage pas seulement un individu, mais une collectivité, et non seulement pour un temps limité, mais pour toujours. Elle réunit donc plus d'éléments de pacification et d'apaisement, et l'emporte à ce titre sur tout autre genre d'aumône.

Dirai-je encore que c'est une œuvre *patriotique?* N'est-ce pas aimer et servir sa patrie que panser les plaies, sécher les larmes, adoucir les souffrances de ses compatriotes? N'est-ce pas aimer et servir sa patrie que d'apaiser les haines sociales qui divisent les citoyens, que de faire régner l'union et la fraternité entre eux?

On a parlé, à notre époque, de la beauté du geste. Messieurs, un geste qui de tout temps a été beau et le sera éternellement, c'est le geste de l'homme qui se penche vers ses semblables pour les relever quand ils sont tombés, pour les consoler quand ils sont affligés, pour les apaiser quand ils sont irrités, pour les unir quand ils sont divisés. Eh bien, ce geste-là, c'est celui que vous faites quand vous donnez à une œuvre hospitalière. Est-il un plus beau geste?

La reconnaissance populaire élève des monuments aux hommes célèbres qui se sont illustrés dans les lettres, les arts ou les sciences ; mais qu'est-ce donc que le plus bel ouvrage, la plus importante des découvertes, en face de cette œuvre qui s'appelle l'hospice pour les vieillards, l'hôpital pour les malades? L'antiquité païenne avait eu des hommes de génie, et les siècles de Périclès et d'Auguste avaient brillé de toutes les splendeurs de la gloire humaine. La poésie avait chanté, en vers sublimes, les beautés de la nature et la gloire des héros ; l'éloquence, avec les orateurs les plus illustres, avait atteint jusqu'aux dernières limites de la perfection ; la philosophie avait sondé les secrets de la nature et cherché l'explication de l'énigme du monde; le sage Socrate et le divin Platon avaient enseigné la sagesse aux hommes; le génie de la guerre, personnifié par les Scipion et les César, avait vaincu toutes les nations et les tenait enchaînées sous la puissante et terrible domination des Romains. Et cependant, malgré tous ces brillants génies, malgré tous ces chefs-d'œuvre, malgré toutes ces conquêtes, le monde était resté barbare ;

les trois quarts de l'humanité étaient esclaves; quand ces malheureux n'étaient pas impitoyablement mis à mort par des maîtres cruels, ils allaient finir leurs jours dans une île déserte du Tibre ou mouraient abandonnés sur le chemin. Non, Messieurs, ce n'est pas assez dans une société que des œuvres de génie; il faut aussi et avant tout des œuvres de charité. Ce sont elles qui honorent le plus l'humanité et caractérisent le mieux la civilisation d'un peuple. Et aujourd'hui, malgré toutes ces grandes et admirables inventions dont nous sommes si justement fiers, et qui resteront à jamais l'honneur et la gloire du XIXe siècle, si les hôpitaux venaient à disparaître de notre sol, la civilisation subirait un mouvement de recul, et le monde courrait le danger de retourner à la barbarie.

L'hôpital, l'asile pour les malheureux, telle est l'œuvre religieuse, humanitaire par excellence, l'œuvre sans laquelle une société manquerait de l'un des éléments nécessaires à son action civilisatrice. Aussi, c'est l'œuvre qui *rallie tous les suffrages*, l'œuvre devant laquelle s'effacent toutes les divisions politiques ou philosophiques ; l'œuvre que respectent les siècles, les changements de dynastie et même les commotions révolutionnaires. En voulez-vous une preuve? Considérez l'hôpital de Lyon. Fondé, il y a bientôt quatorze cents ans, par le roi Childebert et la reine Ultrogothe, sa femme (1), qui pourra jamais compter le nombre de malheureux qui ont trouvé, sous ses murs séculaires, un abri, des soins, des consolations? Etablissement immortel, il traverse les âges avec la majesté de la religion dont il est l'œuvre. Et quand tout change et tout disparaît autour de lui, quand les individus et les peuples descendent dans la tombe, il reste debout toujours! Voilà l'hôpital avec

(1) « On ne connaît guère en France d'hôpitaux proprement dits, avant les ve et vi^e siècles. Le premier hôpital célèbre du royaume fut celui de Lyon, fondé en 542 par Childebert, premier fils de Clovis, et Ultrogothe, sa femme, sur l'emplacement de l'Hôtel-Dieu actuel. Il est mentionné par le concile d'Orléans de 549. » A. LOTH, p. 227.

son action durable et bienfaisante dans la société. Aussi, pouvons-nous affirmer hardiment que saint Vincent de Paul, avec ses hôpitaux pour les malades, ses refuges pour les vieillards, ses asiles pour les enfants abandonnés, a plus fait pour la cause de la religion et de la civilisation, pour le bonheur de la société, que tous les hommes de génie qui ont illustré par leurs talents le grand siècle littéraire (1).

Mais hélas! pourquoi faut-il que ces établissements ne soient pas plus nombreux? Pourquoi tant de vieillards pauvres et sans ressources ne trouvent-ils pas encore une place à l'hospice? Ah! Messieurs, si ces abris de la charité étaient assez multipliés pour recueillir toutes les misères, je crois que la question sociale qui agite aujourd'hui le monde serait bien près d'être résolue, et que

(1) « Le XVIIe siècle, qui succédait à une époque de calamités et de ruines publiques, est le grand siècle de réorganisation de la charité; c'est le siècle de saint Vincent de Paul. »

la société, non seulement ne reposerait plus, comme on l'a dit, sur un sol constamment volcanique, mais qu'elle aurait trouvé la tranquillité, le bonheur autant qu'on peut le posséder ici-bas.

Aussi, combien cette commune de Sainte-Foy-lès-Lyon doit-elle s'estimer heureuse de posséder un de ces charitables établissements ! Quelle reconnaissance ne doit-elle pas à M. l'abbé Chatelain (1), cet esprit éminent, ce cœur sensible et bon qui donna si généreusement sa fortune pour la fondation de cet hôpital ! Son nom, comme celui de tous les bienfaiteurs qui l'ont imité dans la suite, n'est pas seulement écrit en lettres d'or sur des tables de marbre ; il est gravé surtout

(1) M. l'abbé Chatelain, Antoine, né à Cervières, canton de Noirétable (Loire), le 17 juin 1804. Ordonné prêtre le 5 juin 1830, professeur à Verrière et à l'Argentière, missionnaire du diocèse. Curé de Sainte-Foy-lès-Lyon le 31 juillet 1841 ; curé de Notre-Dame à Montbrison le 23 septembre 1858. Décédé le 12 juin 1864, chanoine honoraire de la Primatiale, chevalier de la Légion d'honneur.

dans le cœur de tous ceux qui viennent chercher un refuge sous ce toit hospitalier. Je n'aurai garde d'oublier M. l'abbé Deshay, qui partage, avec M. Chatelain, l'honneur de cette fondation (1). Pourrais-je ne pas remercier aussi tous nos bienfaiteurs, et surtout nos dames patronnesses, qui ont pris une si large part à l'organisation de cet hospice?

Oui, Mesdames, grâce à votre générosité il y a ici des vieillards qui jouissent maintenant du calme et du bien-être; loin de se plaindre et de se répandre en malédictions contre la société, comme le font tant d'autres moins fortunés qu'eux, ils sont pleins de

(1) M. l'abbé Deshay (Jean-Benoit-Joseph), né à Lyon le 8 mars 1793, curé de Cuire en 1832, retiré à Sainte-Foy-lès-Lyon en 1845, décédé en 1869, a donné une somme importante pour la fondation de l'hôpital de Sainte-Foy. Autres bienfaiteurs: Terrasse (Jacques), 1000 francs. Ve Vernay, née Delhomme, 2000 francs. Jullien (Jérôme), 5000 francs. Blanc (Marcellin), 1er adjoint au maire de Sainte-Foy, administrateur de l'hôpital-hospice, a donné toute sa fortune : 55.000 francs environ.

reconnaissance envers vous; ils vous aiment, vous bénissent et prient tous les jours pour vous. Ils sont heureux.

Que leurs joies rejaillissent sur vous; qu'elles embaument toute votre vie; qu'elles vous suivent au delà du tombeau! Quand vous paraîtrez devant Dieu, que la voix de tous ces vieillards, de tous ces malheureux que vous aurez secourus s'élève puissante auprès du souverain Juge, et vous obtienne non seulement pardon et miséricorde, mais un degré de plus de gloire dans le ciel!

Voyez donc, Messieurs, quels nombreux et importants services a déjà rendus ce nouvel hôpital-hospice de Sainte-Foy, et combien il est regrettable qu'il ne puisse ouvrir ses portes à toutes les misères qui viennent solliciter sa bienfaisance. Car, malgré tout le dévouement et tout le zèle qui se dépensent ici, malgré son grand désir de secourir les vieillards et les malades pauvres qui lui sont signalés et recommandés, l'administration se voit dans l'obligation d'imposer des limites à sa bonne volonté, faute de ressources.

Et voilà pourquoi, interprète de ses sentiments, j'ai pris la parole aujourd'hui. J'ai voulu faire appel à toutes les âmes généreuses, leur montrer l'excellence de cette œuvre au point de vue social et religieux, et les encourager à la soutenir de leurs aumônes. Que chacun, selon ses moyens, apporte donc sa pierre à cet édifice de charité; et, comme le grain de senevé, qui lève, se développe, et devient un grand arbre sur les rameaux duquel viennent chanter les oiseaux du ciel, cet hôpital, établi maintenant sur des bases solides et durables, grandira aussi, abritera et consolera un jour, sous son toit, toutes les misères physiques et morales de cette commune.

C'est là notre espoir. N'avons-nous pas, en effet, toutes les garanties qui peuvent rassurer les plus hésitants?

Voyez plutôt : en ce qui concerne le culte religieux, il suffit de nommer le président et l'organisateur de l'œuvre, M. le chanoine Daléry, le pasteur estimé et aimé de tous dans cette paroisse.

Qui ne rend aussi hommage à l'honorabilité parfaite, au dévouement infatigable de MM. les administrateurs, qui, en vue d'améliorer et d'agrandir cet établissement, déploient un zèle et une activité si dignes d'éloges?

Enfin, bénissons-en le ciel, n'avons-nous pas, pour soigner les malades, les religieuses de Saint-Vincent de Paul, ces humbles filles de la charité, ces anges terrestres qui, avec une douceur inaltérable, une abnégation complète, consacrent leur vie au soulagement de toutes les misères?

Le voilà, Messieurs, cet hôpital-hospice de Sainte-Foy-lès-Lyon, bénit naguère par notre vénéré archevêque; terre de charité où les autorités civiles et religieuses se sont rencontrées, comme pour rehausser, par leur présence, l'éclat des fêtes organisées à cette occasion par M. le baron du Marais, le maire si distingué et si sympathique de Sainte-Foy (1).

Cet établissement, vous l'avez placé, Messieurs les administrateurs, sous la garde et la protection de saint Vincent de Paul. Vous ne pouviez mieux faire. Si la bannière d'un chef aimé a suffi bien souvent pour conduire une armée à la victoire, la bannière de saint Vincent de Paul, l'incomparable héros de la charité, plus puissante encore que celle des grands capitaines, ne sera-t-elle pas, dans cette commune, un signe de ralliement pour tous les nobles cœurs ?

C'est pourquoi, et ce sera mon dernier

(1) Assistaient à ces fêtes et au banquet offert par M. le baron du Marais, 25 mai 1896 : Mgr Coullié archevêque de Lyon ; Mgr Bonnardet, vicaire général ; un député et un sénateur du Rhône, un délégué de M. le Préfet de Lyon, le conseiller général et le conseiller d'arrondissement du canton, MM. les administrateurs de l'hospice, le conseil municipal de la commune, le clergé de la paroisse, le conseil de Fabrique, les réprésentants de la presse lyonnaise et d'autres nombreuses notabilités de Sainte-Foy et de Lyon.

mot, ou plutôt ma dernière prière, au nom de la religion et de l'humanité, au nom du vrai progrès, au nom de la paix et de l'union sociale, au nom de cette bonne et religieuse population de Sainte-Foy, n'oubliez pas, dans vos *aumônes*, dans vos *legs* et vos *donations*, notre jeune hôpital. L'argent est comme le cœur ; plus on en donne, plus il en reste. Et puis, je le disais plus haut, qui donne au pauvre, prête à Dieu.

Lyon. — Imprimerie Vitte, rue de la Quarantaine, 18.

www.ingramcontent.com/pod-product-compliance
Lightning Source LLC
LaVergne TN
LVHW020450230826
846091LV00004B/1625

* 9 7 8 2 0 1 3 5 7 9 9 8 8 *